BEI GRIN MACHT SICH IHR WISSEN BEZAHLT

- Wir veröffentlichen Ihre Hausarbeit, Bachelor- und Masterarbeit

- Ihr eigenes eBook und Buch - weltweit in allen wichtigen Shops

- Verdienen Sie an jedem Verkauf

Jetzt bei www.GRIN.com hochladen und kostenlos publizieren

Bibliografische Information der Deutschen Nationalbibliothek:

Die Deutsche Bibliothek verzeichnet diese Publikation in der Deutschen Nationalbibliografie; detaillierte bibliografische Daten sind im Internet über http://dnb.d-nb.de/ abrufbar.

Dieses Werk sowie alle darin enthaltenen einzelnen Beiträge und Abbildungen sind urheberrechtlich geschützt. Jede Verwertung, die nicht ausdrücklich vom Urheberrechtsschutz zugelassen ist, bedarf der vorherigen Zustimmung des Verlages. Das gilt insbesondere für Vervielfältigungen, Bearbeitungen, Übersetzungen, Mikroverfilmungen, Auswertungen durch Datenbanken und für die Einspeicherung und Verarbeitung in elektronische Systeme. Alle Rechte, auch die des auszugsweisen Nachdrucks, der fotomechanischen Wiedergabe (einschließlich Mikrokopie) sowie der Auswertung durch Datenbanken oder ähnliche Einrichtungen, vorbehalten.

Impressum:

Copyright © 2012 GRIN Verlag, Open Publishing GmbH
Druck und Bindung: Books on Demand GmbH, Norderstedt Germany
ISBN: 978-3-668-11700-6

Dieses Buch bei GRIN:

http://www.grin.com/de/e-book/313001/remarques-im-westen-nichts-neues-im-kontext-des-ersten-weltkriegs

Maximilian Schmitz-Klüner

Remarques "Im Westen nichts Neues" im Kontext des Ersten Weltkriegs

GRIN Verlag

GRIN - Your knowledge has value

Der GRIN Verlag publiziert seit 1998 wissenschaftliche Arbeiten von Studenten, Hochschullehrern und anderen Akademikern als eBook und gedrucktes Buch. Die Verlagswebsite www.grin.com ist die ideale Plattform zur Veröffentlichung von Hausarbeiten, Abschlussarbeiten, wissenschaftlichen Aufsätzen, Dissertationen und Fachbüchern.

Besuchen Sie uns im Internet:

http://www.grin.com/

http://www.facebook.com/grincom

http://www.twitter.com/grin_com

Inhaltsverzeichnis

1. Einleitung — Seite 3
2. Kurzbiografie von Erich Maria Remarque — Seite 3
3. Zusammenfassung — Seite 5
4. Der Roman im Kontext des Ersten Weltkriegs — Seite 6
   - 4.1 Einleitung — Seite 6
   - 4.2 Der Erste Weltkrieg – in der Realität und in Remarques Roman — Seite 7
   - 4.3 Kriegsgewinnler — Seite 10
   - 4.4 Verluste und Knappheit im Krieg — Seite 10
   - 4.5 Die verlorene Generation — Seite 12
5. Zu Buch und Film im Dritten Reich — Seite 12
6. Quellenangaben — Seite 14

1. Einleitung

Mein Thema ist der Roman „Im Westen nichts Neues" von Erich Maria Remarque im Kontext des Ersten Weltkriegs. Warum habe ich dieses Thema gewählt? Diese Frage ist leicht zu beantworten: Ich interessiere mich für die jüngere deutsche Geschichte, beginnend mit dem Ersten Weltkrieg. Das Buch von Remarque, so finde ich, erzählt treffend und verständlich das Leben der einfachen Soldaten. Nichts wird in dem Buch verherrlicht, keine Helden dargestellt. Der Krieg wird nicht bewertet, sondern nur mit seiner ganzen Brutalität und Grausamkeit gezeigt. Die Sinnlosigkeit der Kriege im Allgemeinen wird deutlich genauso wie das Profilieren einiger zu Macht gekommener Vorgesetzter. Der Autoritätsglaube der Schüler bringt diese dazu, sich zum Wehrdienst zu melden. Ihr Glaube an das Vaterland und an die Äußerungen der Autoritätspersonen führt sie in diesen grausamen Krieg, der sie ihrer Jugend, ihrer Zukunft beraubt. Wer nicht sein Leben im Krieg verliert, ist gezeichnet für sein Leben. Mich hat die Darstellung der verlorenen Generation beeindruckt. Die Jugendlichen wurden zu Befehlsempfängern, die die Jugend auf der gegnerischen Seite zu töten hatten.

Zur Bearbeitung dieses Themas habe ich verschiedene Quellen herangezogen. Natürlich den Roman selbst, aber auch einige Internetseiten sowie Geschichtsbücher.

2. Kurzbiografie von Erich Maria Remarque

Erich Maria Remarque heißt eigentlich Erich Paul Remark und wurde am 22. Juni 1898 in Osnabrück geboren.[1] Sein Urgroßvater, Johann Adam Remarque, wurde noch mit der französischen Namensform in das Geburtenregister eingetragen.[2]
Sein Vater, Peter Remark, war ein katholischer Buchbinder und hatte neben Erich Maria noch zwei weitere Kinder, zwei Mädchen.[3] Nach Abschluss der Johannisvolksschule (1904 bis 1912) besuchte Remarque das katholische Lehrerseminar.[4]

Remarque schloss sich mit siebzehn Jahren dem Kreis um den Maler und Philosophen Fritz Hörstemeyer an.[5] Die Erfahrungen, welche er in diesem Kreis sammelte, beschreibt er in

---

[1] Remarque Erich Maria, Im Westen nichts Neues, Köln, 1959, Kiepenheuer und Witsch, S. 204
[2] Ebd.
[3] Ebd.
[4] http://de.wikipedia.org/wiki/Erich_Maria_Remarque

seinem Roman „Die Traumbude. Ein Künstlerroman" (Dresden: Verlag der Schönheit 1920).[6]
Aus ebendiesem Traum wurde er am 26. November 1916 gerissen, als er zusammen mit der 2. Seminarklasse als Rekrut in die Osnabrücker Caprivi-Kaserne eingezogen wurde.[7] Später wird immer wieder behauptet, dass er sich freiwillig gemeldet habe. Diese Behauptung ist dadurch entstanden, dass Remarque in seinem Buch „Im Westen nichts Neues" den Eindruck erweckt, dass sich Paul Bäumer und seine Klasse freiwillig gemeldet hätten. Dabei konnten sie nur der Kriegsbegeisterung ihres Lehrers nicht widerstehen.[8]

Nachdem Remarque unter Unteroffizier Himmelreich ausgebildet worden war, zog er am 12. Juni 1917 an die Westfront.[9] Er wurde am 31. Juli durch Granatsplitter verletzt, nachdem er Ende Juni in einen Schanztrupp in Flandern eingesetzt worden war.[10] Er kam ins Krankenhaus und konnte seinen Heimaturlaub bis zum Ende des Krieges ausdehnen. Er dachte zu dieser Zeit schon darüber nach, seine Kriegserlebnisse, welche ihn ein Leben lang prägten, worauf seine pazifistisch-antimilitaristische Haltung beruhte,[11] in einem Roman zu verarbeiten.
In der Nachkriegszeit ging er verschiedenen Berufen nach: Zuerst schlug er sich als Lehrer, später als Kaufmann durch. Nachdem er Redakteur in Berlin war, wurde er schließlich Schriftsteller. Sein Buch „Im Westen nichts Neues" entstand im Jahr 1929. Seit dieser Zeit lebte Remarque im Ausland, zuerst in der Schweiz, hinterher in Amerika.

Warum hat er dieses Buch geschrieben? Die Antwort darauf findet sich in einem Gespräch mit Axel Eggebrecht im Juni 1929.[12] In jenem Gespräch offenbart Remarque, dass er unter heftigen Anfällen von Verzweiflung litt und unruhig, ziellos und im tiefsten Grunde unfroh war.[13] Er suchte nach den Ursachen für seine Probleme in seinen Erlebnissen im Krieg.[14] Weiterhin sagt er, dass er ohne großartige Überlegungen anfing, das Buch zu schreiben, und keine Pause machte, bis es fertig war.[15] Das Schreiben half ihm, sich zu befreien.

---

[5] Ebd. S.206
[6] Ebd. S.219
[7] Ebd. S.206
[8] Ebd. S.17, 206
[9] Ebd.
[10] Ebd.
[11] http://de.wikipedia.org/wiki/Erich_Maria_Remarque
[12] Ebd. S.208
[13] Ebd.
[14] Ebd.
[15] Ebd.

Im Dritten Reich ist er als französischer Jude hingestellt worden, und sein Buch wurde von den Rechten verbrannt. Ebenso wurde ihm 1938 die deutsche Staatsbürgerschaft aberkannt. Er starb am 25. September 1970 in Locarno.

3. Zusammenfassung

Paul Bäumer und seine Klasse gehören zu einer Gruppe von Soldaten, welche im Ersten Weltkrieg an der Westfront stationiert waren. Sie haben sich aufgrund der patriotischen Reden ihres Lehrers, Kantorek, freiwillig beim Bund gemeldet. Er predigte ihnen von der Liebe zum Vaterland, von Heldentum und Patriotismus.

Dort werden sie von dem Unteroffizier Himmelstoß ausgebildet, der vor dem Krieg nur ein einfacher Briefträger war, doch durch die ihm übertragene Macht und Verantwortung zum „Schinder" wird.[16] Er hat durch seine Stellung ein ganz neues Selbstbewusstsein bekommen. Nicht die Bildung zählt, sondern nur der Drill, das System und die Schuhbürste.[17] In dieser Grundausbildung merken sie, dass alle Werte, die sie bisher in der Schule kennengelernt haben, auf dem Kasernenhof ihre Gültigkeit verlieren. Nachdem sie ihre Grundausbildung abgeschlossen haben, werden sie an die Westfront verlegt, wo sie sich einer Gruppe von älteren Frontsoldaten anschließen. Dort werden sie von Katczinsky, auch „Kat" genannt, eingewiesen. Von ihm lernen sie, die verschiedenen Geschosse am Klang zu erkennen und auch unter schlimmsten Bedingungen noch etwas zu essen zu finden. Sie lernen durch ihn, im Krieg, an der Front zu überleben. Außerdem versucht er stets durch seine Äußerungen und Verhalten, die Moral der Gruppe zu stärken. Dabei entsteht eine enge Beziehung der Gruppe zu Katczinsky.

Die Beziehung von Paul zu Katczinsky ist besonders ausgeprägt und erinnert an eine Vater-Sohn-Beziehung. Er ist Pauls bester Kamerad, sein bester Kumpel. Mit ihm erlebt Paul viele schöne Dinge.[18] Das macht die Angriffe, bei denen einer aus der Gruppe verletzt wird oder stirbt, nur umso schlimmer. Je länger der Krieg dauert, umso mehr Kameraden sieht Paul sterben. Vor allem der Tod seines Freundes Kemmerich macht ihm zu schaffen, der aber im militärischen Alltag völlig bedeutungslos ist: „Heute allein wieder sechszehn Abgänge – deiner ist der siebzehnte."[19] (Aussage des Sanitäters).

Dann bekommt Paul für zwei Wochen Heimaturlaub und zusätzlich noch sechs Wochen Heidelager.[20] Auf der Bahnfahrt werden beim Anblick der vertrauten Umgebung alte Erinnerun-

---

[16] Ebd. S.38f
[17] Ebd. S.24ff
[18] Ebd. S.73
[19] Ebd. S.31
[20] Ebd. S.108

gen wach. Zuhause trifft er seine Schwester, die gerade sein Lieblingsessen – Kartoffelpuffer – macht. Doch er muss schnell feststellen, dass ihn seine Erlebnisse während des Krieges verändert haben. Seine Heimat erscheint ihm nicht mehr wirklich. Es ist ihm unmöglich, seiner Familie von den schrecklichen Erlebnissen zu erzählen, weil er Angst hat, dass ihn diese Erlebnisse einholen würden und er dann daran zugrunde gehen würde. Die Leute schwärmen aus sicherer Entfernung von dem „tollen Krieg". Das Leben an der Front mit all seinen Entbehrungen und Grausamkeiten ist ihnen gänzlich unbekannt. Deshalb können sie auch seine Haltung nicht verstehen, dass er nicht stolz ist auf den Krieg und nicht mit Stolz seine Uniform trägt.

Dadurch merkt er, dass seine Kameraden die Menschen sind, die ihm am nächsten stehen. Nach seiner Rückkehr an die Front wird er bei einem Angriff schwer verletzt und ins Lazarett gebracht. Nachdem die Wunde an seinem Bein nach einiger Zeit wieder verheilt ist und geht er zurück an die Front. Doch die Lage an der Front hat sich zusehends verschlechtert. Sowohl die Nahrung als auch die Munition und die Soldaten werden immer knapper. Deshalb sind die deutschen Soldaten auch nicht viel mehr als Kanonenfutter und die Gefechte werden immer brutaler. Die Gruppe um Paul wird verlegt. Im Gefecht sterben alle Soldaten der Gruppe, bis nur noch Katczinsky und Paul übrig bleiben. Doch während eines Angriffs wird Katczinsky verletzt. Paul versucht ihn unter Aufbietung seiner letzten Kräfte zu retten, merkt dabei aber nicht, dass Katczinsky, während er diesen trägt, tödlich getroffen wird. Jetzt ist nur noch Paul übrig. Aller Überlebenswille und Hoffnung verlässt ihn. Auch er verstirbt, nachdem er tödlich getroffen wurde, „an einem Tag, der so ruhig und so still war an der ganzen Front, dass der Heeresbericht sich nur auf den Satz beschränkte, im Westen sei nichts Neues zu melden."[21]

4. Der Roman im Kontext des Ersten Weltkriegs

4.1 Einleitung

In dem Roman „Im Westen nichts Neues" schildert Remarque wahrheitsgetreu und in aller Offenheit die Erlebnisse des Soldaten Paul Bäumers und seiner Freunde. Remarque benutzt bei dieser Schilderung den Ersten Weltkrieg als historischen Hintergrund. Dennoch kann man dieses Buch nicht als ein geschichtsbuchähnliches Werk sehen, da Remarque besonders auf die Sichtweise und Gefühlswelt derer eingeht, auf deren Rücken der Krieg ausgetragen wird. Das sind die einfachen Soldaten, die auch „die verlorene Generation" genannt

---

[21] Ebd. S.199

werden. Den jüngeren Menschen wurde ihre Jugend genommen und ihre Psyche durch die Kriegserlebnisse traumatisiert. Ein zukünftiges Leben in einer bürgerlichen Existenz wurde ihnen durch die furchtbaren Erlebnisse oft unmöglich gemacht. 1914 wurden alle von einer Kriegsbegeisterung mitgerissen, denn in allen Ländern war man der Meinung für die gerechte Sache zu kämpfen. Man war mit glühender Begeisterung davon überzeugt, für die gerechte Sache zu sterben. Für Bäumer und seine Kameraden bedeutete der Tod auf dem Schlachtfeld nicht Opfertod für das Vaterland, sondern nur furchtbare Qualen, die nur schwer zu ertragen waren. Die anfängliche Kriegseuphorie wich großer Niedergeschlagenheit und Hoffnungslosigkeit.

Remarque äußert mit seinem Buch indirekt Kritik an der damaligen Bildung und der Vermittlung falscher Werte, die durch den Lehrer Kantorek gelehrt wurden: für die Ehre des Vaterlandes und den Kaiser zu sterben, die Ehre Deutschlands zu verteidigen, im Einsatz für Kaiser und Vaterland den Sinn des Lebens zu sehen. Damit wird auch indirekt Kritik am Staat geäußert, der jede Kritik im Ansatz erstickt und von den Bürgern Anpassung und Einordnung verlangt. Das Individuum ist nicht gefragt. Damit erweist sich das Militär als Institution, das den Einzelnen zur Aufgabe seiner Persönlichkeit zwingt und zum Befehlsempfänger heruntterstuft. Typischer Vertreter ist der Unteroffizier Himmelstoß. Wichtig wird die Kameradschaft, nicht die Freundschaft. Kameradschaft entsteht durch jahrelanges gemeinsames Leben. Es bedeutet Verantwortung gegenüber dem Gegner, Verständnis und Toleranz. Sie bedeutet auch Hilfe für Menschen, die sich in einer aussichtslosen Lage befinden. Im Roman wird durch die gemeinsame Latrinensitzung die Kameradschaft zwischen den Soldaten beschrieben.[22]

Gleichzeitig wird auch die Sinnlosigkeit des Krieges dargestellt. Die Soldaten zeichnet nicht Opferbereitschaft, sondern grenzenloser Überlebenswille aus. Krieg ist nicht toll und schön, sondern bedeutet Tod und Vernichtung.

4.2 Der Erste Weltkrieg – in der Realität und in Remarques Roman

In seinem Buch schreibt Remarque nichts darüber, wie und warum der Krieg ausgebrochen ist. Es werden nur einzelne Kriegssituationen geschildert und dabei auch Kriegsteilnehmer genannt. „Nach der Ermordung des österreichischen Thronfolgers Erzherzog Franz Ferdinand am 28. Juni 1914" - Auslöser des Ersten Weltkriegs – „richtete Österreich-Ungarn in der sogenannten Julikrise am 23. Juli ein Ultimatum an Serbien, was letztendlich den Welt-

---

[22] Ebd. S.15

krieg auslöste."[23] Die Forderungen des Ultimatums wurden am 25. Juli 1914 in weiten Teilen anerkannt, weshalb der deutsche Kaiser Wilhelm II. meinte, „dass nun jeder Kriegsgrund hinfällig geworden sei".[24] Dennoch hielt Österreich die serbische Antwort für nicht ausreichend und brach am 25. Juli 1914 die diplomatischen Beziehungen ab und begann mit der Mobilmachung.[25]

Daraus entwickelte sich zunächst ein Lokalkrieg zwischen Österreich-Ungarn und dem Königreich Serbien. Durch die gegenseitigen Bündnisverpflichtungen eskalierte der Lokalkrieg innerhalb weniger Tage zum Kontinentalkrieg unter Beteiligung von Frankreich und Russland.[26] Da nun Russland und Frankreich angriffen, handelte es sich für Deutschland um einen Zweifrontenkrieg. Genau für dieses Ereignis war der Schlieffenplan erstellt worden.

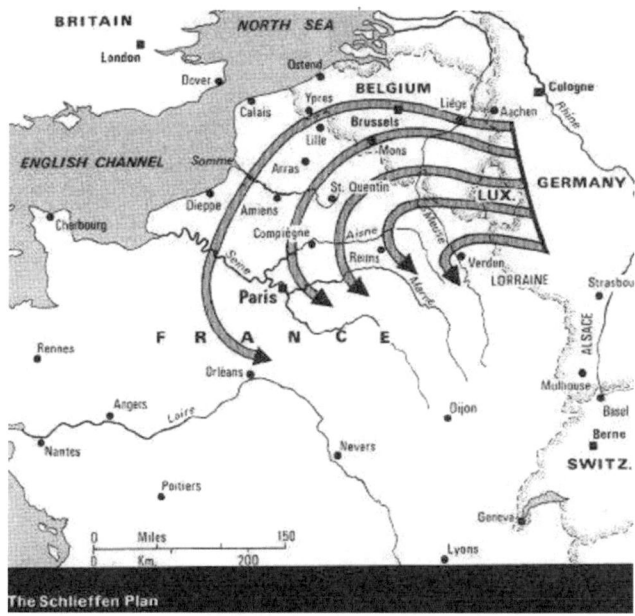

Der Schlieffenplan, der ursprünglich vom Chef des Generalstabs von 1891 bis 1905 ausgearbeitet wurde, war darauf aufgebaut, dass an der deutsch-französischen Grenze eine Festungslinie mit Toul, Verdun, Belfort und Epinal ein frontales Angreifen Frankreichs unmöglich machte. Deshalb sah der Schlieffenplan vor, die Festungslinie zu umgehen und stattdessen

---

[23] http://de.wikipedia.org/wiki/Erster_Weltkrieg

[24] Müller Helmut M., Schlaglichter der deutschen Geschichte, Bonn, 2009, Sonderausgabe für die Bundeszentrale für politische Bildung, S. 213

[25] Ebd.

[26] http://de.wikipedia.org/wiki/Erster_Weltkrieg

durch die neutralen Länder Luxemburg und Belgien zu marschieren und Frankreich in einer Scherenbewegung einzunehmen. Dadurch sollte Frankreich in wenigen Tagen besiegt werden. Danach sollte erst der Krieg gegen Russland geführt werden, da man davon ausging, dass Russlands Mobilmachung länger dauern würde. Doch dieser Plan ist gescheitert. Großbritannien griff in den Krieg ein, weil Deutschland durch das neutrale Belgien ohne dessen Einverständnis marschiert war. Daraus entwickelte sich ein Stellungskrieg im Westen. Die Verlagerung der Truppen in den Osten funktionierte nicht, weil Russland schneller mobilgemacht hatte als erwartet. Daraus entwickelte sich auch im Osten ein Stellungskrieg.

Die von Remarque erwähnte Westfront befindet sich demnach in Frankreich, und dass die Kompanie von Paul Bäumer gegen die Engländer kämpfen muss, hat folgenden Grund: Die Franzosen bemerkten, dass sie allein gegen Deutschland keine Chance haben würden. Gemeinsam mit Großbritannien stellten sie eine Armee auf, die die Deutschen aufhielt, woraufhin es zum Stellungskrieg kam.

„Als Stellungskrieg bezeichnet man, im Gegensatz zum Bewegungskrieg, eine defensive Form der Kriegführung, die von statischen Frontverläufen geprägt ist. Charakteristisch ist hierbei meist die Sicherung der Fronten durch ausgedehnte Systeme von Feldbefestigungen, weshalb es sich bei vielen Stellungskriegen um Grabenkriege handelte".[27]

Remarque erwähnt kurz auch den Waffenstillstand zwischen Russland und Deutschland.[28] Dieser Waffenstillstand kam durch die russische Oktoberrevolution zustande.[29] Paul Bäumer sagt im Buch, dass auf jeden Fall Krieg sei und dass jeden Monat neue Länder dazu kämen.[30] Remarque spielt mit dieser Aussage darauf an, dass nicht mehr nur die ursprünglichen Kriegsteilnehmer kämpfen, sondern auch Großbritannien, Italien und die Vereinigten Staaten von Amerika. Der von Deutschland geführte totale U-Boot-Krieg widersprach dem damals geltenden Völkerrecht.[31] Dies war der entscheidende Anlass, weshalb der damalige amerikanische Präsident Wilson am 2. April 1917 den Kriegseintritt der USA verkündete.[32]

---

[27] http://de.wikipedia.org/wiki/Stellungskrieg

[28] Remarque Erich Maria, Im Westen nichts Neues, Köln, 1959, Kiepenheuer und Witsch, S.140

[29] Bemmerlein Georg und Göbel Walter, Abiturwissen Geschichte 19.Jahrhundert bis 1933, Stuttgart, 2009, Klett, S.129

[30] Remarque Erich Maria, Im Westen nichts Neues, Köln, 1959, Kiepenheuer und Witsch, S.141

[31] Binder Gerhart, Geschichte im Zeitalter der Weltkriege, Stuttgart, 1977, Seewald Verlag, S.227

[32] Ebd. S.232

4.3 Kriegsgewinnler

In dem Buch fragen sich Paul Bäumer und seine Kameraden, wem der Krieg etwas bringen würde.[33] Dabei kommen sie zu dem Schluss, dass ihnen selbst der Krieg nichts bringt. Ihrer Meinung nach sind es der Kaiser und seine Generäle, die diesen Krieg benötigen, um berühmt zu werden.[34] Die Fragen zu den Gewinnlern wird durch den Kaiserbesuch an der Front hervorgerufen.
Auch in der Wirklichkeit hat der Erste Weltkrieg den Soldaten keine Vorteile gebracht. Diejenigen, die durch diesen Krieg Geld und Einfluss gewonnen haben, waren unter anderem die Amerikaner. Sie haben ein gewinnträchtiges Geschäft damit gemacht, dass sie den Westmächten Munition und Nahrung verkauft haben.[35] Deshalb konnten sie sich auch nicht aus dem Krieg raushalten, weil ansonsten eine Wirtschaftskrise in Amerika ausgebrochen wäre.[36]

4.4 Verluste und Knappheit im Krieg

In einer Rückblende beschreibt Remarque die Kriegseuphorie der Schüler, die von den Vorträgen des Lehrers ausgelöst wird, weshalb sie sich alle freiwillig melden.[37] Dies zeigt Parallelen zur damals vorherrschenden Kriegseuphorie auf. Diese Euphorie begründete sich darauf, dass davon ausgegangen wurde, dass Deutschland selbstverständlich gewinnen würde.[38] Das führte dazu, dass sich viele Männer gemeldet haben.
In Deutschland leisteten im Kriegsverlauf 13,25 Millionen Männer Militärdienst.[39] Von diesen 13,25 Millionen Männer sind zwei Millionen während des Krieges gefallen. Auch dieser Aspekt wird von Remarque in seinem Buch verarbeitet, denn gleich zu Beginn des Buches werden die hohen Verluste der Kompanie Bäumers genannt (von 150 auf 80 dezimiert).[40]
Im selben Zuge beschreibt Remarque die Knappheit von Nahrung und Konsumgütern, z.B. Zigaretten. Diese Knappheit äußert sich darin, dass der Küchenchef, obwohl er für 150 Männer Proviant erhalten hat, nur für 80 Mann – jene also, die vom Einsatz heil zurückgekommen waren - den Proviant herausgeben wollte und wie sehr sich die Soldaten freuten, end-

---

[33] Remarque Erich Maria, Im Westen nichts Neues, Köln, 1959, Kiepenheuer und Witsch, S.142f
[34] Ebd. S.143
[35] Binder Gerhart, Geschichte im Zeitalter der Weltkriege, Stuttgart, 1977, Seewald Verlag, S.230
[36] Ebd. S.230
[37] Remarque Erich Maria, Im Westen nichts Neues,1959, Kiepenheuer und Witsch, S.17f
[36] Müller Helmut M., Schlaglichter der deutschen Geschichte, Bonn, 2009, Sonderausgabe für die Bundeszentrale für politische Bildung, S.217f
[39] http://de.wikipedia.org/wiki/Erster_Weltkrieg#Verluste
[40] Remarque Erich Maria, Im Westen nichts Neues, Köln, 1959, Kiepenheuer und Witsch, S. 11ff

lich einmal satt zu werden.[41] Desweiteren zeigt Remarque dem Leser die katastrophale Versorgungssituation der Soldaten dadurch, dass Müller, ein Kamerad von Bäumer, die Stiefel seines im Sterben liegenden Kameraden an sich nehmen möchte, weil sie besser sind als seine.[42] Doch durch Bäumer erfährt der Leser, dass Müller deshalb noch lange nicht roh und gefühllos ist.[43]

„Diese Erfahrung, dass die übliche Pietät und die Konvention im Umgang mit anderen nicht mehr gilt, veranlasst den Erzähler zu folgender allgemeiner Aussage, die uns den Zugang zu einer der Struktur des Romans zugrunde liegenden Problematik erlaubt: „Wir haben den Sinn für andere Zusammenhänge verloren, weil sie künstlich sind. Nur die Tatsachen sind richtig und wichtig für uns. Und gute Stiefel sind selten (S.24)".[44]

Es werden hier alle Zusammenhänge infrage gestellt, die nicht unmittelbar etwas mit dem nackten Überleben zu tun haben.[45] Das zeigt sehr deutlich die Lage nach den Materialschlachten. Nach den Schlachten konnten die Gegner ihre Verluste relativ schnell und annähernd gleichwertig ersetzen. Dabei machten sich auf deutscher Seite bereits materielle Unterlegenheit und das Fehlen frischer Soldaten bemerkbar.[46] Besonders ausgeprägt war dies nach der Schlacht gegen Frankreich. In den Materialschlachten stehen sich die gegnerischen Parteien „gegenüber" und der Ausgang hängt davon ab, wer mehr und vor allem besseres Material zu Verfügung hat. Unter Material verstand man sowohl Munition und Nahrung als auch Soldaten.

Und obwohl an der Front schon Knappheit herrschte, war es im Landesinneren noch schlimmer. Dies wird während des Heimatsurlaubs Paul offenbar, denn das Material für den Krieg wird von den einfachen Bürgern genommen.[47]

Remarque stellt aber nicht nur die Knappheit, sondern auch die hygienischen Bedingungen in den Gräben dar. Er spricht von einer Rattenplage.[48]

---

[41] Ebd. S.13f
[42] Ebd. S.20f
[43] Ebd. S.23f

[44] Horn Peter, DER 'UNBESCHREIBLICHE' KRIEG UND SEIN FRAGMENTIERTER ERZÄHLER. ZU REMARQUES KRIEGSROMAN IM WESTEN NICHTS NEUES, Universität Kapstadt: http://peterhorn.kilu.de/journal/Remarque.htm

[45] Ebd.
[46] Müller Helmut M., Schlaglichter der deutschen Geschichte, Bonn, 2009, Sonderausgabe für die Bundeszentrale für politische Bildung,S.216
[47] Remarque Erich Maria, Im Westen nichts Neues, Köln, 1959, Kiepenheuer und Witsch,S.115;118
[48] Ebd. S.75f

4.5 Die verlorene Generation

Bei Remarque fällt das Wort von der "verlorenen Generation", die nach dem Krieg nicht mehr in der bürgerlichen Gesellschaft Fuß fassen kann, weil sie im Alter von achtzehn bis zwanzig Jahren schon zu viel Grauen erlebt hat und dem Tod zu oft und zu intensiv erlebt haben, um vergessen zu können. Ihre Psyche wurde mit diesen Erlebnissen zu stark belastet, um unbeschwert leben zu können. Diese Problematik wird von ihm durch den Heimaturlaub Paul Bäumers beschrieben. Bäumer konnte sich in seiner Heimat nicht wohlfühlen, da sie ihm nicht mehr real erschien. Er konnte auch mit niemanden über seine Fronterlebnisse sprechen, da es ihm vor diesen graute.[49] Der Roman zeigt weiterhin die Probleme der Jugend sich wieder in die Gesellschaft zu integrieren, weil sie erfahren mussten, dass alle ihre Werte im Krieg nichts gelten. Das macht es ihnen umso schwerer sich wieder in die Gesellschaft mit all ihren Moralvorstellungen einzugliedern. Damit beschreibt Remarque eine ganze Generation, die vom Krieg zerstört wurde, obwohl sie die Granaten und Kämpfe überlebten.

5. Von Buch und Film im Dritten Reich

Im Jahr 1930 wurde der Roman von der amerikanischen Filmgesellschaft UNIVERSAL INTERNATIONAL PICTURES verfilmt. Der Film ist nahezu identisch mit dem Buch und es ist ein Schwarz-Weiß-Film. Das amerikanische Original heißt „All Quiet on the Western Front".[50] Der Film war ein großer Erfolg und lief in allen großen Kinos Amerikas.
Sowohl das Buch als auch der Film haben viel Kritik ausgelöst.[51] Der Film wurde mehrmals geschnitten, weshalb einige Szenen fehlen. Da man in Deutschland Angst vor einer Zensur des Films hatte, wurden weitere Szenen entfernt.[52] Trotz der Proteste von Nationalsozialisten wurde der Film in Deutschland erlaubt. Doch schon bei der Uraufführung kam es zu heftigen Krawallen, welche planmäßig von dem damaligen NS-Gauleiter, Joseph Goebbels, durchgeführt wurden.[53] Der Film wurde schlussendlich verboten, da er eine „Gefährdung des deutschen Ansehens" sei.[54] Es war ein Triumph für die NSDAP und darauf waren sie stolz.[55]

---

[49] Ebd. S.114,

[50] Kupracz Lukas, Bemerkungen zum historischen Roman „Im Westen nichts Neues":
http://www.zum.de/psm/pdf/kupracz.pdf

[51] Ebd.

[52] Ebd.

[53] Ebd.

[54] Ebd.

[55] Schrader Bärbel, Im Westen nichts Neues Eine Dokumentation, Leipzig, 1992, Reclam-Verlag Leipzig, S.161

Das Buch wurde während der nationalsozialistischen Bücherverbrennung 1933 vernichtet und verboten, weil es angeblich den Heldenmut der deutschen Soldaten schlecht machen würde.

6. Quellenangabe

Primärliteratur

Remarque Erich Maria
Im Westen nichts Neues
Verlag: Kiepenheuer & Witsch, 1959
Ort: Köln

Sekundärliteratur

Müller Helmut M.,
Schlaglichter der deutschen Geschichte
Verlag: Sonderausgabe für die Bundeszentrale für politische Bildung, 2009
Ort: Bonn

Bemmerlein Georg und Göbel Walter
Abiturwissen Geschichte 19.Jahrhundert bis 1933
Verlag: Klett, 2009
Ort: Stuttgart

Binder Gerhart
Geschichte im Zeitalter der Weltkriege
Verlag: Seewald Verlag, 1977
Ort: Stuttgart

Schrader Bärbel,
Im Westen nichts Neues Eine Dokumentation
Verlag: Reclamverlag Leipzig, 1992
Ort: Leipzig

Internetseiten

@: http://de.wikipedia.org/wiki/Erich_Maria_Remarque
@: http://de.wikipedia.org/wiki/Erster_Weltkrieg
@: http://de.wikipedia.org/wiki/Stellungskrieg
@: http://de.wikipedia.org/wiki/Erster_Weltkrieg#Verluste
@: Horn Peter
 „DER 'UNBESCHREIBLICHE' KRIEG UND SEIN FRAGMENTIERTER ERZÄHLER ZU REMARQUES KRIEGSROMAN IM WESTEN NICHTS NEUES"
 Universität Kapstadt; http://peterhorn.kilu.de/journal/Remarque.htm
@:Kupracz Lukas,
 „Bemerkungen zum historischen Roman „Im Westen nichts Neues";
http://www.zum.de/psm/pdf/kupracz.pdf

Abbildung S.8
http://www.pap-to-pass.org/schlieffen.jpg

BEI GRIN MACHT SICH IHR WISSEN BEZAHLT

- Wir veröffentlichen Ihre Hausarbeit, Bachelor- und Masterarbeit

- Ihr eigenes eBook und Buch - weltweit in allen wichtigen Shops

- Verdienen Sie an jedem Verkauf

Jetzt bei www.GRIN.com hochladen und kostenlos publizieren